PREMIÈRE LEÇON.

Chiffres.

1 2 3 4 5 6 7 8 9 0

Voyelles.

a e i y o u

———

e é è ê

———

EXERCICE.

Alphabet majuscule.

A B C D E F G H I J K L M
N O P Q R S T U V X Y Z.

Alphabet minuscule.

a b c d e f g h i j k l m n o
p q r s t u v x y z.

ARTICULATIONS

Des Consonnes avec les Voyelles.

	a	e	i	o	u
Ba	be	bi	bo	bu.
Ca	ce	ci	co	cu.
Da	de	di	do	du.
Fa	fe	fi	fo	fu.
Ga	ge	gi	go	gu.
Ja	je	ji	jo	ju.
Ka	ke	ki	ko	ku.
La	le	li	lo	lu.
Ma	me	mi	mo	mu.
Na	ne	ni	no	nu.
Pa	pe	pi	po	pu.
Qua	que	qui	quo	quu.
Ra	re	ri	ro	ru.
Sa	se	si	so	su.
Ta	te	ti	to	tu.
Va	ve	vi	vo	vu.
Xa	xe	xi	xo	xu.
Za	ze	zi	zo	zu.

IIme	1 2 3	4 5 6	7 8 9	10 11 12		
banalité	carabine	do mi no	fi gu ré	ga	lo	pé
habitude	javeline	ka ra bé	la va bo	mé	di	té
nativité	parabole	ra re té	sa la de	to	lé	ré
témérité	validité	vé ri té	ho no ré	jé	rô	me
hilarité	caroline	dé pu té	fi dè le	pi	vo	té

bé a ti tu de, jo vi a li té, ki lo go ne, lu pu li ne, mé di ta ti ve, ni co dè me, ri va li té, so li tu de, ta ve lu re, vi dé, zi be li ne, bo bi ne, ca vi té, ga ré, fé dé ra ti ve, ga lo pi né, la du re té, u ne jé ré mi a de, la si mi li tu de, le nu mé ro, la co lè re, la va ni té, la sé vé ri té, la lé ga li té, le zé ro, u ne lo ca li té, sa fi dé li té, la va li di té, le dî né, la pa na de, le rô ti, la sa la de, la fa mi ne, le ca fé. la lu ne. ho no ré a do re ra la di vi ni té. ma pe ti te a mi c é vi te ra la co lè re. zo é fe ra sa jé ré mi a de. ca ro li ne a sa li sa ro be de bu ra ti ne. jé rô me a ti ré sa pe ti te ca ra bi ne. pa pa fu me ra sa pi pe. hé lè ne me di ra la vé ri té. la mo de se ra ri di cu le. re my i ra à pa na ma. la za re a te nu sa pa ro le. ta pe ti te ca ba ne se ra dé mo lie. ma pe ti te ca ma ra de a go bé la pi lu le. nu ma me mè ne ra à do le, de do le à ni ni ve, de ni ni ve à ro me. le na vi re de va lè re se ra so li de. lu lu se fe ra bo bo. ho no ré i ra à la ca ve. pa pa bâ ti ra u ne ca ba ne à la pe ti te bê te de zo é. le dé pu té fe ra u ne té mé ri té. la ri va li té dé no te de la va ni té. ma mè re ha bi te ra sa lo ca li té.

III.me   1 2 3 4 5 6 7 8 9 10 11 12

brutalité	frugalité	crédo	blâmé	drapé
gratitude	plénitude	privé	bravé	fripé
stérilité	stupidité	brodé	crépi	prôné
pluralité	platitude	bridé	flûte	bravo
clavicule	proximité	brûlé	gravé	glané

blâ ma ble, pro fa né, gri ve lé, cra va te, la plu ra li té, la bri ga de, la fle xi bi li té, je flâ ne, le bi bli o ma ne, le pro blè me, cro to ne, flo ri de, la cru di té, u ne fré ga te, u ne spa tu le, le drô le, je spé cu le à gre no ble, je pré fè re la pro pre té, le tri po li, le mè tre, u ne pru ne, u ne bru lû re, le tra pè ze, la mé tro po le, u ne pe ti te fa ble, le sa ble brû lé, le li vre do ré, la bri de de la mu le, la cla vi cu le, la pré ro ga ti ve du trô ne. je pré fè re sa gra vi té à ta fri vo li té. la tri vi a li té dé no te de la stu pi di té. vo tre li vre se ra a gré a ble à li re. mi mi dé gra de ra ma pe ti te fré ga te. bru no se ra bra ve. no tre blé se ra cri blé. re né me prê te ra u ne plu me. le frê ne se ra sté ri le. vo tre frè re se li vre à la pro di ga li té. lu lu fe ra u ne drô le de spa tu le. ca ro li ne râ pe ra u ne li vre de su cre. vo tre frè re ti mo thé e me pro cu re ra u ne cra va te bru ne. ta pro pre té se ra prô né e. ho no ré ré pri me ra la bru ta li té de vo tre pri ma. la pro me na de me se ra a gré a ble. vo tre bra va de mé ri te le blâ me. le cu ré de la mé tro po le fe ra le prô ne de la tri ni té. é mi le se ra pu ni.

IV.me **1 2 3 4 5 6 8 9 10 11 12**

ch	gn	ph f	gu g	qu q
ch a ri va ri	ma gn a ni me	ph a re	gu i ta re	qua li té
ch e va li ne	ma gn i fi que	ph è ne	gué ri te	qu è te
ch e vro ti ne	i gn o ré	ph y ma	gu è re	qu i vi ve
ch u cho té	i gn o ble	pho la de	gu è pe	qu o ti té
ch o pi né	é gr a ti gné	pha lè ne	gu é ri	qu i va là

chi mé ri que, de la qui ni ne, u ne bû che, de la vi gne, le phé no mè ne, je cra cho te, u ne fi gue, le si gne, la ro che, la di gni té, le pa na che, la fre lu che, de la vo gue, la ma li gni té, u ne cha pe, le fra que bro dé, le fré né ti que, le tro pi que, la chu te, le ri che se ra chi che, ma bi bli o thè que se ra pu bli que, la lâ che té se ra pu nie, je che mi ne, je tré bu che, le pha la ro pe, le pho que, re né fa bri que ra de la bri que, ta cha ra de se ra chi mé ri que, u ne co qui ne de chè vre, ma tâ che me se ra pé ni ble. je pê che à la li gne. u ne mé ta pho re ma gni fi que. do mi ni que a la co que lu che. le ri che cha ri ta ble se ra ché ri. re mi dé chi re ra la ro gnu re de ma bro chu re. le rè gne dé mo cra ti que de la bre ta gne. a dè le a dé ta ché le pa na che. le pè re do mi ni que pra ti que ra la cha ri té. ta mère cri ti que ra cha que cha pi tre de ma pe ti te bro chu re. le phé no mè ne de la lu mi è re mé ri te une é tu de ré flé chi e. vo tre lé gu me me ré pu gne. ma fré ga te a cha vi ré. u ne che ve lu re bru ne.

Vme **1 2 3 4 5 6 7 8 9 10 11 12**

ab ac ad al ar	*as ec el er es*	*ic if il ir is*	*oc ol op or os*	*ul up ur us*
ab so lu	as pi ré	ic tè re	oc ta ve	ul ve
ac ti vé	ec di que	if ar bre	ol f ac t if	up s al
ad mi ré	el ne	il lé gal	op ti que	ur ne
al cô ve	er mi te	ir ri té	or bi te	ur su le
ar bo ré	es ti me	is ra ël	os té o co pe	us née

ab s or bé, ac t if, ad ju ré, al bi nos, ar ba lè te, as pé ri té, le be er se, es pa gne, vic- t or, v i f, s ub t il, is ra é li te, oc to bre, pa ra sol, a d op té, ur ba ni té, m os co vi te, c ap su le, é r up ti ve, s ur ve nir, ar b us te, ab so lu t is te, t ac ti que, ad ver be, che- v al, v ar lo pe, as tro no me, ar chi tec tu re, ac tu el, h er cu le, p es te, ar chi duc, c ar- di nal, ca s t or, u ne her mi ne, le cap tif, le li bé ral, le ca nif, u ne vir gu le, ad jec- tif, dé ter mi na tif, ar ti cle, é li dé, le fer-à-che val, u ne ver tu ac ti ve, un a que duc, re mar qua ble, le cris tal de ro che, le mo nar que ac tif, le ver be pro no mi nal, le ca- po ral dé gra dé, la per ver si té du siè cle. la per te de la gar ni tu re. le cal cul du pro- blè me. la fe nê tre à bas cu le. sa ver tu se ra é pu rée. le gaz vi tal se ra ab sor bé. gus ta- ve pa ti ne ra sur le ca nal. le ca ra ctè re i nac tif de clo til de la fe ra ha ïr de sa mè re. le che val vif se ra ac tif. mar di vic tor fe ra par ve nir le bo cal. la co car de tri co lo- re a é té a dop tée. luc fer me ra la por te de la ca ve. vic tor a dor mi sur le mur.

VIme   **1 2 3 4 5 6 7 8 9 10 11 12**

am an em en	im in aim ain ein	ien oin	om on	um un
am ba re	im bi bé	le t ien	om bre	h um ble
an go la	in cli né	le s oin	on din	l un di
em po ché	la f aim	le m ien	t om be	h um ble
en chan té	de m ain	le f oin	on de	cha c un
en sem ble	p ein tre	le b ien	c om té	a l un

le m ain tien, le l oin t ain, cl an des t in, é t ain, c om b ien, a m an de, un cr am pon, un t am pon im pl an té, in c om pé t en te, le f an fa r on, un r ien, la m ain, le te n on, un la p in, ma p en si on, le m on d ain, la vi an de, le p ain, du bon v in, un bon p an ta l on, un m an ch on, le re frain de la c om plain te, un bon vi gne ron, la bon té de mon prochain. di man ch e lé on por te ra son bon pan ta lon de nan kin. on chan te ra ma chanson de main. le soin que ma man pren dra de la san té de mon frè re en chan te ra mon on cle. la guim bar de a é rein té un din don. co lom bin chan te ra bien son can ti que lun di ma tin. le vio lon du fri pon se ra ven du. on a fon du un ca non de bron ze à mâcon. fan fan de man de ra son pain de main. ro bin fe ra u ne plain te à son on cle le pein tre. le my o pe re gar de en vain le loin tain. mon on cle ren ver se ra le mur de son jar din. le fri pon fe ra la con tre ban de de main ma tin. le pan tin chan te ra u ne chanson en la tin. je de man de cha que ma tin mon pain quo ti dien. le chien de ton on cle.

VIIme   1 2 3 4 5 6 7 8 9 10 11 12

au eau	eu eur œur œuf	ai ei	oi oir	ou our
au di ti ve	eu pa toi re	ai me	le r oi	ou b li
eau ré ga le	la fu r eur	p ei né	de v oir	our dir
au to ri té	un b on c œur	ai dé	la l oi	ou tre
eau se con de	un b on b œuf	r ei ne	bon s oir	our lé
au bai ne	eu pho ni que	ai gre	sa v oir	m ou ché
un m oi n eau	le la b ou r eur			

un vo l eur, le p ou voir, le mi r oir, u ne his t oi re, la p ei ne, u ne v ci ne, la mé m oi re, u ne mâ ch oi re, un c ou t eau, le feu, un t om be r eau, u ne n eu vai ne, u ne au bai ne, le col por teur, le t our n eur, le t rou p eau, la bour go gne, la lou ve, le veau, un tau reau de paim bœuf, la sou pe chau de, le mou choir. son bon cœur fe ra son bon heur. le sau mon se ra ser vi au sou ve rain sur u ne sou cou pe a vec de la mou tar de jau ne. je per drai mon beau cou teau au châ teau. le ré dac teur du jour nal se ra men teur. mon ba lai de sau le se ra fle xi ble. lé on fe ra paî tre son pou lain à cô té du mou lin. gus ta ve ou vri ra la bou che pour se plain dre. le mo ni teur a mal au cœur. le mou choir de ma sœur a été re trou vé. mon cher a dol phe, a do re un dieu cré a teur, ad mi re la gran deur de son pou voir. le moi neau a été la proie du vau tour sur la tour de ma cour. ton mou ton a été trou vé bien mai gre. re my sou hai te le bon soir à la com pa gnie. le rec teur se ra de re tour à u ne heu re. le roi ai me son peu ple.

VIII.ᵐᵉ	1 2 3 4	5 6 7	8 9	10 11	12
	ch k	*t s*	*c s*	*g j*	*s z*
	chro ni que	pu ni tion	ce ci	ju gé	vi sa
	chré meau	ré mi tion	fa ce	for gé	mi se
	chro ma te	mu ni tion	li ce	na gé	vi sé
	chry sa li de	po si tion	ra ce	gî te	ba se
	chrê me	in ven tion	ma çon	gi vre	be si

un chro no mè tre, un gé o mè tre, un bon fro ma ge, u ne po si tion fa vo ra ble, le vi sa-ge, u ne be sa ce, la mai son, u ne pro phé tie. Jé rô me man ge ra u ne ce ri se rou ge. la di vi sion de ce gé né ral i ra à Be san çon. la pu ni tion in fli gée à an gé li que fe ra ma dé so la tion. ce mi sé ra ble ré gi ci de pren dra u ne mau vai se ré so lu tion en pri-son. nu ma me ré su me ra la le çon de géologie. le philosophe fera une perquisi-tion. ce militaire a eu la lâcheté de déserter avec armes et bagages. mon ami a été décoré en afrique pour une action glorieuse. je présume que maman achètera de la crème douce pour mon goûté. ce jeune garçon se-ra méprisé à cause de sa vanité. mon cousin fera une invention pour gué-rir la cicatrice de ma cousine. la méditation fera ma consolation en pri-son. ce maçon ira à mâcon en condition. lucie composera une pièce de musique religieuse qui sera chantée en cadence par clémence. la religion con-sole le pauvre. on ira en réquisition par division. ce brave garçon a bien récité sa leçon. ce maçon me bâtira une maison. il mangera du pain de munition par punition.

IX.me **1 2 3 4 5 6 8 9 10 11 12**

ail aill	euil, l ueil l	eil, eil l	ill ouill	uill
le por t ail	le fau t euil	so l eil	t ill e	c uill ère
la t aill e	la f euill e	o r eill e	b ouill i	ai g uill e
le tra v ail	ton or g ueil	ré v eil	qu ill e	c uill e ron
la c aill e	je c ueill e	ab eill e	h ouill e	é g uill ade
le dé t ail	un cer c ueil	or t eil	t ill é	ai g uill on

un camail, de la paille, une volaille, du travail, du cerfeuil, du feuillage, du feuilletage, un recueil, recueilli, une souillarde, la souillure, pareille, son pareil, la groseille, un carillon, de la vieille oseille, une veilleuse, du vermillon, une vétille, une grenouille, une chenille, un papillon, un tourbillon, un barbouilleur, un bon travailleur, une bouteille, une bataille, une béquille, mon tailleur habile à merveille. le soleil brille pour seconder le travail de la grande famille. le papillon voltige de feuille en feuille. la chenille rampe sur la charmille. cendrillon a une bouteille de vanille pour sa famille. la mitraille a criblé un bataillon de tirailleurs. pour avoir bon bouillon, il ne faut pas, ma fille, faire cuire le bouilli à gros bouillons. je préfère une caille à de la volaille. le barbouilleur a huilé mon fauteuil. le soleil trouvera le sage à son travail. ton orgueil te conduira au cercueil. mon filleul a rempli sa futaille de houille avec ma bouille. la canaille de marseille a pillé un magasin de semouille. le fer trouvé dans les fouilles est rongé par la rouille.

Xme | **1 2 3 4 5 6 7 8 9 10 11 12**

dd ff mm nn pp	ais ait est et-ai	ent-e, erez-é	j' l' m' n' s'	a e i o u h
ton addi tion	je chanter ais	ils aiment	j'aime	les amis
mon a ffec tion	il réformait	souhaiter	l'ami	nos élèves
une com mu ne	il est aimé	vous rendrez	m'oublie	un idiome
une ca non na de	et chéri	ils reçoivent	n'espère	un ouvrage
un a ppren ti	à jamais	ils prennent	s'aimer	un homme

Additionner. Affectionner. Accommoder. Attérer. Appétissante. Rendez cet ouvrage tout uni. Tu parlerais. Il s'informait. Il est arrivé. Ils chantent et vous pleurez. Les enfants doivent s'entr'aimer. Ton image est belle. Attendrissez-vous sur le sort du pauvre. Les hommes inaccessibles au vice s'affermissent dans la bonne voie. Mon fils, que votre piété soit sincère, et que la vérité préside à toutes vos paroles. Un enfant officieux, complaisant et poli, est toujours aimé. Aimez le doux plaisir de faire des heureux. Que votre cœur s'attendrisse sur le sort des malheureux. Un cœur noble pardonne à tous ses ennemis. Ne demandez à Dieu ni grandeur, ni richesse, mais demandez-lui la sagesse. Craignez un Dieu vengeur, c'est le premier pas qui mène à la sagesse. Fuyez la compagnie des enfants libertins et recherchez celle des enfants sages. Evitez le mensonge, parce qu'il déplaît à Dieu. Soyez humble et modeste au milieu des succès. Honorez vos parents, surtout dans leur vieillesse. Heureux l'homme qui évite tout ce qui peut ou souiller ou charger sa conscience.

XIme **1 2 3 4 5 6 7 8 9 10 11 12** XIIme

De la Ponctuation.

La Ponctuation marque les endroits du discours où l'on doit s'arrêter plus ou moins de temps ; elle se compose :

    De la virgule (,)
    Du point et virgule (;)
    Des deux points (:)
    Du point (.)
    Du point interrogatif (?)
    Du point exclamatif (!)

Le repos de la *virgule* ne doit durer que le temps nécessaire pour respirer. Celui du *point et virgule* est un peu plus long. Celui des *deux points* doit durer un peu plus que le précédent ; mais celui du *point* est le plus long de tous, en ce qu'il marque la fin d'une phrase ; il est même nécessaire de le faire sentir par une inflexion de voix. On doit observer cette dernière règle pour les *points interrogatif* et *exclamatif*. Les divers repos de la ponctuation sont indispensables pour qu'une lecture soit bien comprise.

De l'Apostrophe (')

L'Apostrophe marque le retranchement de l'une des lettres *a, e, i*, dans les mots *la, le, de, ne, que, ce, entre, quelque, jusque, je, me, te, se, si*, quand ces mots sont suivis d'une voyelle ou d'un *h* muet. On dit : *l*'amitié, *l*'humeur, pour *la* amitié, *la* humeur. On dit : *l*'ami, *l*'honneur, pour *le* ami, *le* honneur. On dit : *d*'amour, *d*'humilité, pour *de* amour, *de* humilité. On dit : il *n*'aime pas, il *n*'honore pas, pour il *ne* aime pas, il *ne* honore pas. On dit : *qu*'est-il arrivé, *c*'est vrai, pour *que* est-il arrivé, *ce* est vrai. On dit : *en-tr*'autres, pour *entre* autres. On dit : *quelqu*'un, *jusqu*'ici, pour *quelque* un, *jusque* ici. On dit : *j*'aime, je *m*'instruis, pour *je* aime, je *me* instruis. On dit : tu *t*'amuses, elle *s*'ennuie, pour tu *te* amuses, elle *se* ennuie. On dit : *s*'il vient, *s*'il arrive, pour *si* il vient, *si* il arrive.

www.ingramcontent.com/pod-product-compliance
Lightning Source LLC
Chambersburg PA
CBHW060551050426
42451CB00011B/1846